La Gestión Del Tiempo.

Cómo Enfocarse Y Ser Productivo

Ryan Flynn (Autor)

Alicia Diaz *(Traductor)*

AF351246

Tabla de Contenidos

Introducción

Este libro contiene información para ayudar a cualquiera que tenga problemas en gestionar su propio tiempo. Incluye pasos fáciles que puede usar todos los días para hacer su vida más fácil y manejable.

¿Luchas con hacer todo en el tiempo que tienes? ¿Sientes que te has extendido demasiado o te has sobrepasado? ¿Tiene problemas para tratar de recordar todo lo que necesita hacer? Muchos de nosotros lo hacemos, pero no tiene que continuar de esa manera.

Este libro te ayudará a solucionar esos problemas con instrucciones y ejemplos fáciles de seguir. Cada capítulo te da una habilidad para desarrollar antes de continuar con el siguiente.

Todos quieren tener más tiempo y ser exitosos también. Lo puedes obtener si sigues lo pasos en este libro. Lo tienes dentro de ti para hacer que esto suceda.

La Gestión del Tiempo puede parecer una tarea imposible para la mayoría. Pero implementar las estrategias probadas en este libro en tu vida cambiará todo eso.

Aprenderá cómo tomar el control de su vida y su agenda, eliminar a los asesinos del tiempo antes de que se conviertan en un problema, y cómo priorizar sus tareas cotidianas, además de aprender a hacer y mantener un calendario para satisfacer sus necesidades.

Después de leer este libro y de usar las habilidades que aprenderá, sus problemas de estrés y manejo del tiempo serán cosa del pasado.

Me gustaría agradecerle personalmente por la descarga. Felicitaciones, este es tu primer paso para tomar control de tu precioso tiempo. Espero que disfrute la lectura.

Capítulo 1: Identificando Cosas Que Pierden Tu Tiempo

Asesinos del Tiempo

La mayoría de las personas no piensan que pierden el tiempo, pero lo hacen. Tal vez pienses que no tienes suficiente tiempo. Tal vez pienses que hay demasiado por hacer. O tal vez sea un poco de ambos. Si bien puede ser cierto que tiene demasiadas tareas, todos tienen cosas que hacen y que pierden su tiempo cada día.

Las personas ni siquiera se dan cuenta de cuánto tiempo pierden en sus vidas cotidianas. Por lo general, consideramos que las cosas simples toman solo un minuto, pero los minutos se acumulan rápidamente. Y en el transcurso de un día, puede agregar hasta horas de tiempo perdido que nunca recuperará. Para usar su tiempo de manera más inteligente, primero debe identificar cuáles son sus puntos débiles.

Si pasa un día escribiendo las cosas que hace, no tardará mucho en comenzar a ver dónde están los problemas. Incluso puede comenzar a tomar nota de ellos inmediatamente. Ser consciente es el primer paso en el proceso de identificar las cosas que desperdician su tiempo.

Los asesinos del tiempo consiguen lo mejor de todos nosotros a veces. Estas son cosas que lo hacen llegar tarde, no alcanzar sus metas, no ser capaz de completar tareas o simplemente hacerle perder la noción del tiempo. Por supuesto, usted quiere hacer las cosas y si tiene el impulso y la motivación, entonces necesita ver a dónde va su tiempo. Puede ser cualquier cantidad de cosas. Abajo hay ejemplos de cosas que puedes estar haciendo que son asesinos del tiempo.

- Pasar mucho tiempo en las redes sociales. Por ejemplo: Facebook, Twitter, Tumblr, Instagram o incluso sitios de citas. Es posible que desee verlo muy rápido para ver qué está pasando, pero luego se encuentra mirando videos o simplemente desplazándose durante una hora. Sucede de vez en cuando a los mejores de nosotros.

Pero si eres consciente puedes dejar este hábito. O hazlo parte de tu tiempo personal.

- Postergar. (Este es uno de los mayores asesinos del tiempo. Dejar las cosas porque crees que puedes hacerlo más tarde) Si sigues posponiendo algo simplemente porque no te gusta, no será mejor cuando finalmente lo hagas. Puede empeorar las cosas porque has tenido mucho tiempo para pensar en ello. Solo hazlo y termina con esto.
- Sobrecargarse así mismo. No puedes estar en todas partes a la vez. No siempre tienes que sentirte obligado a hacer lo que la gente te pide. Siempre piense en lo que necesita hacer primero y asegúrese de tener tiempo. Tendrá que aceptar el hecho de que las personas siempre esperarán cosas de usted y que está bien decepcionarlas a veces.
- Ver demasiada televisión. Ponte un límite. Una hora al día suele ser suficiente para relajarse y descansar frente al televisor. Y puedes encontrar pequeñas cosas para hacer durante los descansos comerciales. Podría barrer la cocina,

sacar al perro a pasear o incluso hacer algo de ejercicio. Tampoco dejes que Netflix o Hulu te absorban. Es fácil seguir haciendo clic en el siguiente episodio y antes de que te des cuenta, la mitad del día se ha ido.

- Pasar demasiado tiempo mirando tu celular. (La mayoría de las personas son culpables de esto) Un teléfono celular es un gran dispositivo, pero no te conviertas en esclavo de él. Si no puede pasar una hora sin levantar su teléfono celular, entonces está gastando demasiado tiempo en él.

- Preocuparse por cosas que no puedes cambiar o controlar. Si no puede hacer nada para cambiar una situación, entonces no pierda su tiempo preocupándose por ello. Te consumirá y evitará que hagas las cosas que deben hacerse.

En el caso de ver televisión o estar en las redes sociales, está bien hacer estas cosas con moderación. Reserve una cierta cantidad de tiempo para estas cosas. Al hacer eso, y no solo verificar cuando le apetezca, le ahorrará tiempo.

Hay muchas cosas que nos hacen perder el tiempo. Las cosas que desperdician nuestro tiempo son diferentes para todos, pero el resultado es el mismo. Terminamos con exceso de trabajo y estresado sin nada que mostrar, porque nunca terminamos las cosas que deben hacerse. Cuando tiendes a no hacer las cosas, te estresas y pierdes más tiempo. Es un ciclo vicioso, pero tienes el poder de detenerlo. Ahora es el momento de recuperar tu vida y tu tiempo.

Puedes ser productivo y exitoso. El primer paso es identificar a los asesinos del tiempo y comenzar a eliminarlos.

Capítulo 2: Simplifica Pensando Hacia Adelante

Como Sacar el Mayor Provecho Posible de tu Tiempo

Pensar en el futuro puede ser la mejor manera de comenzar a ser más eficiente con su tiempo. Si tiene varias cosas sucediendo, comience a pensar en la mejor manera de hacerlas. Este simple paso puede ahorrarle mucho tiempo a largo plazo. Puede pensar que no tiene tiempo para este paso, pero es el más importante. Apresurarse primero en cualquier tarea no va a terminar bien. Tómese el tiempo para pensarlo y planearlo. Puede tomar 10 o 20 minutos de tu día, pero eso es mejor que perder horas en algo que podría haberte tomado minutos si hubieras pensado antes en ello.

A veces, simplemente dices sí a las cosas antes de saber lo que implica. Tómese el tiempo para no solo pensar en lo que va a hacer, sino también si debería hacerlo. ¿Te beneficia de alguna manera? ¿Te facilitará las cosas de alguna manera? Pensar en el futuro puede ayudarlo a dejar de tomar decisiones que podrían tener consecuencias adversas.

¿No siempre parece que las personas más exitosas están a un paso adelante del resto de nosotros? Bueno, eso es porque lo están. Siempre piensan por adelantado. Pueden visualizar múltiples resultados de la situación y tener un plan para cada uno. Entienden que la planificación es necesaria para casi todas las tareas que asumen. No toman mucho tiempo y tú también puedes ser como esas personas exitosas. Todo lo que tienes que hacer es empezar a pensar en el futuro. Visualice el resultado de la situación y planifíquelo. Pero no solo el resultado que desea, también planifique los que no quiere. No es negativo, se está preparando.

A continuación se muestra un ejemplo de cómo tratar de administrar sus tareas antes de realizarlas.

Por ejemplo:
Imagina que tienes tres tareas que debes hacer mañana. El perro tiene que ir al peluquero, debes recoger tu ropa de la tintorería y
necesitas comprar algunos comestibles.

- Obviamente, no puedes llevar a tu perro a la tienda de comestibles o a la tintorería.
- Perdería tiempo en llevarlo a la peluquería de mascotas, esperar a que terminen y luego llevarlo de vuelta a casa.
- Así que llevas a tu perro al peluquero y luego puedes ir a hacer las otras dos tareas mientras él está siendo preparado.
- Ahora hay dos tareas que debes realizar mientras el perro está siendo aseado.
- Las tintorerías están justo al otro lado de la calle del peluquero de mascotas. Tiene sentido ir y recoger primero la ropa de la tintorería.
- Después de eso, puedes ir a la tienda de comestibles y recoger lo que necesites.
- Cuando haya terminado, debe ser hora de recoger a su perro y luego ir a casa.

Ahora tienes mucho más tiempo, en lugar de perder la mitad de tu día tratando de hacer estas tres cosas. Solo pensar en el futuro y planificar puede ahorrarle mucho tiempo. Se han combinado tres tareas que podrían haber ocupado una buena parte de su día. Ahora tienes más tiempo para trabajar en otras cosas.

Esto puede funcionar en todas las áreas de su vida para hacer que la administración del tiempo sea más fácil y más efectiva. Puedes usar esta habilidad para un día en la limpieza de la casa o si vas de viaje.

Por ejemplo:

Piensa en hacer un viaje fuera del país. Es posible que necesites cosas que no puedes alcanzar allí. O puede que tenga problemas para ubicar lugares cerca de su hotel. Si piensa con anticipación y hace una pequeña investigación, todo eso puede eliminarse. Consíguete un mapa de antemano. Cambia tu dinero en el aeropuerto. Todas estas cosas le ahorrarán tiempo y le permitirán disfrutar más de su viaje.

Ahora que está identificando a sus asesinos del tiempo y pensando en el futuro, solo puede mejorar desde aquí.

Capítulo 3: Priorizando Tareas

Averiguar Lo Que Es Importante

Ahora que está pensando en el futuro, puede comenzar a ordenar las cosas por importancia.

Esto se llama priorizar. Su tiempo es muy importante y, a veces, perdemos demasiado tiempo en cosas que no necesitamos y no lo suficiente en las cosas que hacemos. Pasas una hora hablando con alguien por teléfono acerca de su gato y durante ese tiempo podrías haber estado haciendo otras cosas. No hay necesidad de poner al gato de alguien por encima de su propio bienestar o necesidades. ¿Qué hay de esa montaña de platos en tu fregadero? Priorizar significa decirle a tu amigo que no tienes tiempo para hablar en este momento sobre el gato porque necesitas lavar esos platos.

Puedes tener cientos de cosas sucediendo, pero tienes que ponerle un orden. ¿Cuál es lo más importante que necesita hacer, o la más urgente? Eso es lo que debería estar en el primer lugar de su lista. Todo lo demás puede caer en su lugar después de eso.

Lo más importante es la primera pregunta que debes responder.

Entonces, también piense en las cosas que no tienen mucha importancia. ¿Realmente necesitas hacerlas? ¿Es algo que podrías eliminar sin ninguna consecuencia? Si es así, entonces comienza a eliminar cosas innecesarias. Si no tienen ningún efecto en su vida o futuro y pueden eliminarse, entonces deberían serlo.

Por ejemplo: tienes ropa vieja que debes llevar a la tienda de segunda mano, pero está al otro lado de la ciudad. No tiene sentido que conduzcas allí hoy mismo si tienes una cita con un médico en el camino y luego practica después de la escuela y tienes que recoger a tus hijos en la dirección opuesta. ¿Por qué apresurarse todo el día cuando podría reprogramar el dejar la ropa vieja para otro día?

El hecho de que tenga una lista de cosas que hacer, no significa que todas deben hacerse en un día. Difunde las tareas más pequeñas que se pueden hacer en otro momento. Y elimine las que no necesita hacer o puede delegar a otra persona.

A partir de ahí solo tienes que poner en orden todas tus tareas. Haz un plan de cómo y cuándo lo harás. Si su lista es demasiado larga o demasiado complicada, solo simplifique y elimine cosas. Si tiene tres o cuatro tareas que cumplir que están en la misma área o al mismo tiempo, combínelas. No solo acortará su lista, sino que también le ahorrará tiempo. ¿Y quién no necesita más tiempo? Cuando llegues a este punto, todo comenzará a unirse.

Al priorizar sus tareas, se asegura de que siempre se cuiden las cosas más importantes. Te vuelves mucho más eficiente y retomas tu tiempo. Esto le dará mucho más tiempo para las cosas que le gustaría hacer, como lo es para que siempre intente y no logre hacer las cosas que deben hacerse.

Asegúrese de que cuando establezca sus prioridades, siempre dedique algo de tiempo para usted. No siempre tienes que estar en movimiento. Si puedes, reserva al menos una hora para ti. Usted es la prioridad número uno. Si te estás cuidando, todo lo demás será mucho más fácil.

Tu felicidad siempre debe ser el número uno de tu lista. Es más fácil hacer algo con una sonrisa en la cara que hacerlo si se siente agotado y estresado.

Capítulo 4: Crear Listas

Organizando tu Vida

Una excelente manera de administrar su tiempo es haciendo listas. Está comprobado que hacer listas ayuda a aliviar el estrés y la ansiedad. Aquí es donde el pensamiento hacia adelante y la priorización de sus tareas entran en juego.

Las listas pueden hacer las cosas mucho más fáciles eliminando las conjeturas de lo que necesitas hacer y en qué orden. Cuanto menos tiempo pases haciendo eso, más tiempo debes hacer las cosas.

Al tomar solo unos minutos de tu día para hacer una lista (ya sea antes de irse a la cama o cuando se levanta por la mañana), le ahorrará una tonelada de tiempo a largo plazo. Esto es útil no solo para las tareas que necesita hacer, sino también para las cosas que puede necesitar para cada tarea dada.

Puedes hacer múltiples listas. Ejemplo:

Lista de tareas diarias: esta es una lista de las cosas que debe hacer hoy.

Lista de tareas posteriores: esta es una lista de cosas que le gustaría hacer pero no son tan importantes.

También puede hacer una lista maestra de todas las cosas que necesita hacer.

Por ejemplo: una lista de compras. Si va a la tienda sin una lista, ¿qué tiene en su carrito al momento de pagar? Probablemente un montón de cosas que no necesitabas en primer lugar. En esta situación, una lista podría no solo ahorrarle tiempo, sino también dinero.

Puedes dividir tu lista en categorías para que te sea más fácil.

Por ejemplo:

Mañana	Tarde	Noche
Sacar la basura	Ir a la oficina de correos	Ir al gimnasio
Desayunar	Recoger el almuerzo	Cena con Pam

O simplemente puede escribirlos en orden de cuándo deben hacerse durante el día.

1. Sacar la basura

2. Desayunar
3. Ir a la oficina de correos
4. Recoger el almuerzo
5. Ir al gimnasio
6. Cena con Pam

Hay muchas maneras de escribir una lista. Solo encuentra lo que funciona para ti. Juega con ello hasta que estés feliz con lo que tienes. Después de tener una lista, hacer un horario es mucho más fácil.

Cuando combine las múltiples listas con las que resultará, lo ayudará a elaborar un calendario completo. Hacer todo el listado primero asegurará que usted tenga una administración del tiempo que no solo funcione para usted, sino que también trabaje con usted individualmente.

No hay una única forma que funcione para todos, por lo tanto, pasar el tiempo para descubrir qué funciona mejor para usted es la mejor manera de hacerlo. Incluso cuando encuentre una manera que funcione, no tenga miedo de alterarla si sus necesidades cambian. Ser flexible es otra gran habilidad para adquirir.

Capítulo 5: Cómo Evitar Extenderse Demasiado

Está Bien Decir Que No

A veces nos extendemos demasiado y ni siquiera nos damos cuenta. Usted acepta las cosas, pensando que tiene tiempo más que suficiente. Además, porque no quieres decepcionar a las personas que dependen de ti. Pero está bien decir que no. No puedes estar en todas partes a la vez, así que no te obligues a ser. No es bueno que su salud física o mental esté estresada y sobrecargada de trabajo todo el tiempo. La mayoría de las veces, las personas te piden que hagas cosas por ellos porque no quieren hacerlo y saben que dirás que sí. Pero muchas de las cosas que te estresan o te estiran demasiado son cosas que puedes arreglar.

Un buen ejemplo es:

Si un buen amigo se va de vacaciones y necesitan que vayas a su casa para alimentar al gato y regar sus plantas. Quieres ayudar y te sientes obligado porque te ha ayudado en el pasado o es un buen amigo. Pero el calendario para hacerlo significaría que debe estar allí todas las mañanas y todas las tardes. Ya sabe que si tiene que hacer esto todas las mañanas, no podrá ir a trabajar a tiempo ni podrá detenerse para el desayuno. También tendrías que pasar por la noche y eso significa que no puedes ir al gimnasio. La respuesta obvia es decir que no, pero parece que no puedes hacer eso. Todos hemos sido puestos en una situación como esa antes. Puede parecer que los está decepcionando si dice que no, pero sus necesidades tienen que ser lo primero. Si la situación lo pone en una posición en la que no puede completar sus rutinas diarias, entonces no debe hacerse.

Si tiene problemas para decirle a la gente que no, aquí hay algunas buenas maneras de ayudar:

- Dígales que necesita tiempo para pensarlo y para revisar su agenda. Dígales que le responderá al respecto si está disponible.

- Dígales honestamente que ya tiene demasiados compromisos. Si eres honesto, la mayoría de la gente entiende.

- Sugiérales que encuentren a alguien más que pueda ayudarlos mejor con sus necesidades.

Cuando se llega a esto, primero debes hacer tiempo para ti mismo. Si está estresado por tener un exceso de tareas y llegar al límite, no podrá realizar sus propias tareas. Esto lo estresa y finalmente tendrá un efecto adverso en su salud. No es egoísta poner tus necesidades primero. Si tiene buena salud y no está estresado, podrá hacer mucho más.

Después de pensar por adelantado y hacer listas, comprenderá mejor lo que necesita hacer. Si alguien te pide que hagas algo por ellos, asegúrate de mirar lo que ya tienes que hacer antes de aceptar. Sus prioridades son lo primero, y otros deben ser conscientes de eso. Cuando se den cuenta de que solo hará algo por ellos si se ajusta a su horario, también estarán más conscientes de sus necesidades. A veces otras personas no piensan en lo que está pasando hasta que lo mencionan. Entonces, no te sientas mal por decirles que no puedes hacerlo y diles por qué.

Evite ocupar en exceso sus días manteniendo un calendario. Puede ser en papel o digital (en su teléfono u ordenador), solo asegúrese de que lo esté usando.

Tenga en cuenta que algunas tareas llevan más tiempo que otras y siempre solicite una estimación de cuánto tardará algo. Esto puede hacer que sea más fácil saber si tiene tiempo para hacer todo lo que está en su lista. Si se da cuenta de que no tendrá tiempo para hacer las cosas, simplemente avísele a alguien. Dígales que posiblemente no pueda hacerlo y provea una razón. Pero no te sientas mal por eso.

Su tiempo y bienestar también son importantes y si les importa, lo entenderán. Si no puede reprogramar la tarea, pídale que busque a alguien más para que se haga cargo. Puede demorar un poco, pero lo dominarás y se volverá más fácil. Solo tómate tu tiempo y haz que funcione para ti.

Capítulo 6: Hacer Un Horario y Cumplirlo

Los horarios pueden hacer la vida mucho más fácil. Puede usar un calendario, su teléfono o incluso un cuaderno. Todas las personas más exitosas mantienen un horario. Esta es la cosa más importante que debes tener. Los horarios pueden ayudarlo a mantener un registro del tiempo y de las cosas que ha hecho y necesita hacer.

Cuando tenga compromisos, asegúrese de escribirlos en su agenda inmediatamente. Al hacer esto, puedes ver exactamente dónde tienes tiempo para otras cosas. Asegúrese de pensar con anticipación cuando programe para darse tiempo en asistir a diferentes eventos o citas. Si tiene citas con 20 minutos de diferencia y le toma 30 minutos llegar a la segunda, no tiene tiempo suficiente.

Los calendarios son geniales porque puedes colgarlo en la pared o tenerlo en tu escritorio. Entonces, cuando alguien llama o tienes que hacer una cita, todo lo que tienes que hacer es mirarla. También es útil si hay otras personas en su casa que también tienen cosas que programar. Es muy útil si tiene que llevarlos a estas citas u otros eventos. Es algo que tendrá que mirar todos los días, por lo que le será más difícil olvidar. También hace que sea más difícil para otros programar eventos que se superponen.

Los teléfonos siempre tienen calendarios en ellos. Puede ingresar información en ellos para realizar un seguimiento de su programación diaria, semanal o incluso mensual. Incluso puede agregar alarmas y recordatorios en el calendario para mantenerlo programado. Puede ser una de las mejores herramientas cuando se trata de administrar su tiempo. Esto es especialmente útil para las personas que toman medicamentos. Puede configurar alarmas para asegurarse de que las tome a tiempo y a la misma hora todos los días.

Los ordenadores también tienen calendarios. Esto es ideal para alguien que pasa mucho tiempo en el ordenador para trabajar. Solo debes levantar la pantalla y ver lo que ha planeado.

Si nada más, puede escribir un horario en un cuaderno. Esto también puede ser útil, además de un calendario o su teléfono. Si no está cerca de su calendario, el ordenador o su teléfono no están cargados, es un excelente plan de respaldo tener un cuaderno. Puedes encontrar los anotadores pequeños en casi cualquier tienda. Puede guardarlo en su bolsillo, automóvil, escritorio o cartera para facilitar el acceso.

Aquí hay un ejemplo de un horario diario:

7 a.m. - desayunar
8 a.m. - ir a la oficina de correos para recoger un paquete
9:15 a.m. - hacer cita en el Salón de Kelly (1 hora)
10:45 a.m. - recoger la ropa de la tintorería
11:20 a.m. - almuerzo con Erin en Sam Deli (1 hora)
12:45 p.m. - ir al gimnasio
2:00 p.m. - ir a trabajar (4 horas)
6:00 p.m. - ir a casa y hacer la cena
8:00 p.m. - tiempo para mi
9:00 p.m. - ducharme e irme a la cama

Si prefieres usar un horario semanal, funcionaría casi igual.

Aquí hay un ejemplo de un horario semanal:

Lunes - almuerzo con Erin en Sam Deli a las 11:20 a.m.

Martes - cita con el médico a las 10:15 a.m., partido de fútbol de Billy a las 6:00 p.m. (llevar refrigerios)

Miércoles - recolección de basura (lleve el cesto de basura al bordillo antes del trabajo), recoger la ropa de la tintorería a las 4:00 p.m.

Jueves: llamar al periódico para renovar la suscripción (en cualquier momento después de las 9 a.m.)

Viernes - Dejar a Kelly en casa de Angela para la pijamada a las 5:00 p.m., ir a la velada en el Sanders a las 7:00 p.m.

Sábado - día libre

Domingo, recoger a Kelly de la casa de Angela para las 10:45 a.m., pasar toda la tarde con los niños.

No tiene que ser exacto. Puede poner tiempos aproximados para la mayoría de las cosas, a menos que sea una cita programada. El punto es tener una estructura para tu día y para que sepas dónde está tu tiempo libre, si puedes incluir algo. También puede tomar las tareas más grandes que necesita realizar y dividirlas en tareas más pequeñas a lo largo del día si eso funciona mejor para usted. Tener un gran proyecto puede volverse abrumador si piensas en hacerlo todo de una vez. Si es posible hacer algo y luego hacer otra cosa y volver más tarde, no parecerá tan abrumador.

Planifica tu horario, considerando las mejores horas del día para ti. ¿Eres madrugador? Luego programe las tareas más difíciles para la mañana. ¿Trabajas mejor por la tarde? Entonces ese debería ser tu tiempo de ocupado. Y, por supuesto, siempre va a haber algunas cosas que llevan a problemas largos o imprevistos. Puede que tenga que eliminar o agregar algo a su agenda. Sé flexible y todo estará bien. Pero tener un horario lo hace menos estresante si surge algo.

¡Gracias de nuevo por descargar este libro!

Espero que este libro pueda ayudarlo a comprender dónde tiene problemas con la Gestión del Tiempo y qué puede hacer para solucionarlo.

El siguiente paso es poner en práctica todo lo que ha aprendido en este libro.

Finalmente, si ha disfrutado de este libro y lo ha encontrado útil, ¿podría, por favor, dejar un comentario para este libro? Te estaría muy agradecido.

¡Haga clic aquí para dejar un comentario para este libro!

¡Gracias y buena suerte!

Copyright 2016 - Todos los derechos reservados

profesional, se debe solicitar a un individuo con práctica en la profesión.

- De una Declaración de Principios que ha sido aceptada y aprobada por un Comité del Colegio de Abogados de los Estados Unidos y un Comité de Editores y Asociaciones.

La información contenida es ofrecida solamente para fines informativos y como tal es universal. La presentación de la información es sin contrato o cualquier tipo de garantía.

Las marcas registradas que son usadas no otorgan ningún consentimiento, y la publicación de la marca comercial se realiza sin el permiso o el respaldo del propietario de la marca comercial. Todas las marcas registradas y marcas dentro de este libro son sólo para propósitos de aclaración y son propiedad de los propietarios mismos, no afiliados con este documento.

www.ingramcontent.com/pod-product-compliance
Lightning Source LLC
Chambersburg PA
CBHW060948130726
48001CB00003B/1117